LA GYMNASTIQUE SUÉDOISE

du Docteur Philippe TISSIÉ

Guy FORGET

Impression : BoD - Books on Demand, Norderstedt, Allemagne

© 2022 FORGET, Guy
Impression : BoD – Books on Demand,
12/14 rond-point des Champs-Élysées, 75008 Paris

ISBN : 978232241073

Dépôt légal : Janvier 2022

Illustration 1 : Philippe Tissié

Fondateur de la Ligue Française de l'Éducation Physique
Inspecteur des exercices physiques dans les lycées et collèges
de l'Académie de Bordeaux
Lauréat de l'Institut (Académie des Sciences) de l'Académie
de Médecine

A mon grand-père Armand Fromageau,

Instituteur qui a vécu la guerre de 1914 et qui m'a parlé un jour de la gymnastique suédoise lorsque j'avais douze ans, loin de se douter que beaucoup plus tard mon intérêt se porterait vers la personne qui a incarné cette discipline.

L'ignorant assure
Le savant doute
Le sage réfléchit

Aristote

Le docteur Philippe Tissié était un sage

PRÉFACE

Depuis des décennies, deux pratiques sportives s'affrontent : le sport de compétition dont la finalité est de grimper dans la hiérarchie vers le haut niveau – avec son cortège de blessures invalidantes, d'arrêts prolongés, de dépressions... - et le sport de santé où la finalité est d'entretenir son capital organique afin que, sur la durée de la vie, le corps soit un partenaire efficace et obéissant.

Le docteur Philippe Tissié (1852-1935), l'un des pionniers de la médecine du sport – on disait alors hygiéniste – avait bien identifié cette dualité aux objectifs finalement très différents.

La méthode suédoise privilégie la force par la santé et non la santé par la force

Il justifiait son choix dans son ouvrage de référence : *L'éducation physique et la race* publié en 1919 : *« Deux formules de vie opposées l'une à l'autre sont en présence. La formule grecque émotive, olympique, sportive et combative est la Santé par la Force. La formule suédoise rationnelle, physiologique et constitutive est la Force par la Santé. Celle-ci s'affirme en une vérité éducative ; celle-là constitue une erreur physiologique à laquelle nous sacrifions depuis 2000 ans. La formule suédoise a fait ses preuves d'excellence au cours d'un siècle sur tout un peuple. Elle les fournit chez tous les peuples et sous toutes les latitudes où elle est appliquée. Elle se résume en trois mots : Santé, Travail, Longévité. »*

Néanmoins, le propagandiste français de la méthode suédoise de Ling n'est pas un novateur dans la découverte de la relation entre l'impact de l'exercice physique sur les performances cognitives. Au XVIᵉ siècle, Michel de Montaigne (1533-1592) avait résumé de façon parfaite l'influence du corps sur l'esprit et vice versa : « *Mes pensées dorment si je les assois, mon esprit ne va que si mes jambes l'agitent* ». De même, Jean-Jacques Rousseau (1712-1778), deux siècles plus tard, avait lui aussi bien compris que pour que le couple « charpente corporelle/matière grise » fonctionne en harmonie, il fallait que l'organisme soit en parfait état de marche. Ainsi, le philosophe genevois avait constaté de façon empirique « *Plus le corps est faible plus il commande ; plus il est fort, plus il obéit* ».

Souvent, dans mon exercice médical, il m'est arrivé pour convaincre mes patients de pratiquer régulièrement une activité physique, de rappeler les citations de ces deux personnages emblématiques de la littérature française.

Par ailleurs, ma « rencontre » avec le Dr Philippe Tissié propagandiste de la vélocipédie dès le milieu des années 1880, notamment à l'adresse des femmes, se situe au début des années 1970 au moment de la rédaction de ma thèse de médecine centrée sur mon implication dans le suivi des cyclistes de compétition : « *Activités médicales au sein du cyclisme de compétition* » - Thèse de médecine, Toulouse, 1974, n°128 (Pdt Pr André Gédéon).

En effet, pendant cette période, j'ai été amené à consulter une grande partie des textes consacrés à la médecine du cyclisme. Parmi ces ouvrages, j'ai lu avec intérêt « *L'Hygiène du vélocipédiste* » et « *Le Guide du vélocipédiste* », tous deux signées par Philippe Tissié.

Philippe Tissié dénonce l'illusion de combattre la fatigue par des stimulants

Un troisième livre « *L'Education physique et la race* » édité en 1919 allait enrichir mes connaissances sur l'historique du dopage. Dès cette époque, le médecin hygiéniste d'origine ariégeoise distingue deux catégories de substances à éviter dans la pratique sportive. Il ne parle pas de produits dopants mais d'endormeurs de la fatigue et d'usuriers du système nerveux. Son éclairage peut profiter à tous ceux consommant des médicaments sans raison : « *Sous la désignation d'aliments d'épargne, on comprend, à tort, les excitomoteurs du système nerveux, tels que le café, le thé, le maté, le cacao, la coca, la kola, etc., qui permettent de fournir l'effort sans que la sensation avertisseuse de la fatigue soit perçue. Il ne s'agit pas d'une épargne, mais d'une dépense plus grande de forces, et d'une fatigue plus profonde qui en résulte, provoquée par une illusion sensorielle de force. Ces excitomoteurs « camouflent » la fatigue ; ils l'endorment, la rendent ainsi imperceptible aux centres d'analyses. La sensation de fatigue est salutaire, elle avertit qu'on ne doit pas dépasser la limite extrême, de l'effort qu'il faut arrêter sous peine de désordres graves. Supprimer ce signal d'alarme à l'aide d'un excitomoteur, c'est laisser le corps sans défense.* »

De même, à propos des usuriers du système nerveux, il en dénonce les pièges : « *S'il ne faut utiliser qu'avec circonspection les endormeurs de la fatigue, il faut pourchasser les usuriers, prêteurs à gage, provocateurs de dépenses de forces de l'économie et créateurs de fatigue non seulement pour l'individu mais pour la race, dans l'hérédité. Ces poisons, d'autant plus stupéfiants qu'ils sont d'abord exaltants, attaquent les sources de la vie parce que leur action se localise surtout dans la cellule nerveuse qu'ils ébranlent et qu'ils détruisent (…) je veux parler de l'alcool, de la morphine, de l'opium, de la cocaïne, de l'éther, du haschich, etc. de tous les stupéfiants tueurs de race, parce que tueurs du système nerveux grand maître de la vie et par celui-ci, ayant un effet nocif sur l'hérédité. »*

Un médecin de terrain novateur

Finalement, le docteur Tissié a été un précurseur-novateur :
- en introduisant dans le système scolaire le sport et les jeux organisés,
- en étant un propagandiste convaincu de la méthode gymnique suédoise favorisant la santé grâce à l'activité physique bien maîtrisée,
- en étudiant la vélocipédie au plan médical,
- en mettant en garde les utilisateurs de drogues de la performance.

Guy Forget, un kinésithérapeute aguerri lui-même adepte de longue date de la méthode suédoise, consacre son dernier livre au Dr Philippe Tissié, un scientifique ayant confronté l'enseignement reçu par ses maîtres à l'exercice du terrain. Nous ne pouvons qu'inciter tous ceux qui ont compris que « mieux on connaît son corps, mieux on sait s'en servir » à prendre la roue du tandem Tissié-Forget.

Docteur Jean-Pierre de Mondenard
Médecin du sport ; auteur de nombreux ouvrages
sur les dérives de la compétition
5 octobre 2021

INTRODUCTION

Dans le domaine des méthodes d'éducation physique, notre époque est formidable ; les systèmes sont multiples. Certains ont l'engouement du public pendant une certaine période, puis disparaissent. On a les salles de fitness où l'on pratique l'aérobic, le step, le stretching, la méthode Pilates, la méthode Mézières, les méthodes antigym, les différents styles de Hatha Yoga etc., et j'en oublie sûrement.

Mon but n'est pas de passer en revue les avantages et inconvénients de ces techniques. Ce que je propose dans cet essai, c'est un retour dans le temps pour rendre hommage au docteur Philippe Tissié (1852-1935).

Il a introduit en France la méthode suédoise de Ling après l'avoir étudiée et pratiquée, en l'adaptant au tempérament latin.

Je le considère aussi comme un pionnier de la kinésithérapie dont il a établi les bases scientifiques par la recherche du mouvement discipliné. Il a pratiqué le massage, l'ostéopathie ; il a donné une autre vision de l'anatomie que celle du cadavre et de la salle de dissection. Il a mis en évidence le rôle des aponévroses dans le travail des muscles.

Il est dommage, d'après ce que j'ai pu vérifier, qu'il soit pratiquement inconnu du monde des kinésithérapeutes et de la médecine.

J'ai pris connaissance de ses écrits lors de mes études de kinésithérapie grâce à Monsieur Jean Picard qui a été mon maître en matière de colonne vertébrale.

Illustration 2 : Henrik Ling

PREMIÈRE PARTIE

Chapitre 1

SON PARCOURS DE VIE

Pour comprendre Tissié et saisir toutes les influences qui ont marqué son orientation, on doit se plonger dans le climat général de son époque.

Il est né en 1852 à La Bastide sur l'Hers dans l'Ariège ; ses parents sont de situation modeste. Il exerce divers petits emplois avant de faire la connaissance d'un médecin, le docteur Bériat qui le prend en sympathie et lui conseille de s'inscrire à un concours pour devenir sous-bibliothécaire à la faculté de médecine de Bordeaux. Il réussit son concours et entreprend des études de médecine. Il obtient son doctorat avec la mention Très Bien à la thèse qu'il soutient en 1887. Il devient un des plus jeunes neuropsychiatres en France.

Sa formation ne le destinait pas à s'occuper d'éducation physique, mais le comportement d'un de ses patients sera le déclencheur de son intérêt pour l'exercice physique.

Il s'agit d'un sujet qui, dans un état somnambulique, arrive à parcourir des distances de 60 à 80 km sans fatigue, en se nourrissant très peu, et sans entraînement.

Il développe sa thèse sur ce qu'il appelle les aliénés voyageurs[1].

---

[1] Dr Philippe Tissié. *Les aliénés voyageurs : essai médico-psychologique*. Thèse en médecine de Bordeaux 1887, couronnée par la Faculté de médecine : Prix de Thèse.

Voici ce qu'écrit Tissié au sujet du patient qu'il nomme Albert (dans *L'éducation physique et la race*) :

« Fait important au point de vue physique, Albert en état second de captivation pouvait fournir à pied et sans fatigue, du moins apparente, dans une journée des étapes de 60 km (Bordeaux - Arcachon) alors qu'à l'état prime, normal, la fatigue arrivait au bout de 30 à 40 km et le repos s'imposait. J'en conclus que le système nerveux joue le rôle principal dans la marche. Cette conclusion m'engagea à poursuivre mes recherches sur les exercices physiques en fonction nerveuse et digestive car Albert se nourrissait également très peu dans ses fugues marchées alors que le besoin de réparation se faisait sentir dans ses marches normales non fuguées. Albert se dédoublait dans un rêve, j'étudiais les rêves. »

Tissié s'intéressera à l'hypnose, influencé par l'école de Nancy, et pratiquera cette technique sur son sujet Albert. Il lira un ouvrage d'Hippolyte Bernheim (1840-1919), *De la suggestion et de ses applications à la thérapeutique* édité en 1886.

Chapitre 2

LES GUERRES : 1870 - 1914

Philippe Tissié a vu deux guerres.
A la guerre de 1870 il a 18 ans, à la guerre de 1914 il a 62 ans.

En 1871, il a certainement été marqué par la capitulation à Metz de l'armée française. Une armée de 150 000 hommes qui se rend à l'ennemi sans avoir combattu. Le maréchal François Bazaine, chef de cette armée, sera traduit devant un tribunal militaire et condamné à mort. Il évite l'exécution en s'évadant en Espagne.

A la guerre de 1914, il est à l'arrière du front mais soigne et rééduque les poilus blessés et leur dédie son livre *L'éducation physique et la race*, avec un vibrant hommage en introduction.

Philippe Tissié est un patriote, il veut une France forte mais reste un pacifiste.
Son souhait est de construire une nation avec des individus en bonne santé. Lors de ses inspections à l'Académie de Bordeaux, il a été frappé par la dégénérescence de toute une partie de la population ainsi que par une augmentation de la criminalité.

.

Chapitre 3

SA VISION DE L'EXERCICE PHYSIQUE

Tissié voulait une éducation physique adaptée pour chaque cas, enfants, adolescents, adultes, malades, vieillards, en refusant toute idée de compétition et de record.

Il s'est heurté à l'esprit du sport de Pierre de Coubertin et de l'école de Joinville qui en France faisait autorité.

Il établissait la comparaison avec la musique. Les gammes sont indispensables avant la partition. Les gammes étant la gymnastique analytique avec priorité à la respiration et au système cardiaque, et les activités sportives représentant la partition.

Il rejoint l'idéal suédois : un dos, une cage thoracique, un ventre développés par la gymnastique ; ensuite on peut sans danger se livrer au sport.

Il est soucieux d'éviter tout surmenage, tout forçage. Il pense que les programmes scolaires sont trop chargés et qu'on devrait intercaler, entre les cours, des périodes pour apprendre aux élèves, aux étudiants à respirer.

Il souhaitait une réforme des programmes. L'école le matin pour les activités intellectuelles, le sport l'après-midi : ce qui a été appliqué dans les pays nordiques, pas en France !

Il écrit dans *L'éducation physique et la race* :

« La matinée doit être réservée au cerveau, l'après-midi aux poumons.»

« L'idée de gymnastique restait à l'état de germe en France et en Allemagne et ne donnait naissance en Allemagne et en France qu'à un système militaire étroit et borné. »

Chapitre 4

LA GYMNASTIQUE EN FRANCE À L'ÉPOQUE DE TISSIÉ

En France, la gymnastique a été introduite par un espagnol, le colonel Francisco Amoros (1770-1848). C'est une gymnastique militaire qui cultive les exercices de force. Amoros a repris le modèle allemand de Ludwig Friedrich Jahn (1770-1852) qui, en 1815, avait pour objectif la revanche après la défaite de Iéna sous Napoléon 1er où 40 000 Français avaient battu 70 000 Prussiens.

Voici ce qu'écrit Tissié à propos de la méthode allemande de Jahn, page 247 de son ouvrage *L'éducation physique et la race* :
« Ce système basé sur l'objectivité impulsive impose une gymnastique brutale et violente, sport aérien à poids lourds, avec la lutte contre la pesanteur aux agrès de suspension. La formule de Jahn est « vive qui peut vivre », c'est-à-dire suppression des faibles, malheur aux vaincus. »[...]
« Le champ d'action de Jahn était dans un bois voisin de Berlin à la Hasenheide, où il entraînait la jeunesse Prussienne à « jouer aux brigands », formule allemande qui explique bien des choses. »

En opposition, il écrit à propos de celle de Henrik Ling :

« Ling (1776-1839) ayant été guéri de rhumatismes par l'escrime française voulait en connaître la raison clinique. Il étudia, l'anatomie, la physiologie, la pathologie, pénétrant dans l'intimité subjective du corps, mis en fonction physique, il classa les mouvements par ordre de valeur physiologique à l'égard des grandes fonctions vitales. Sa méthode répond à tous les besoins physiques, physiologiques, thérapeutiques. Ling adapte la gymnastique au corps. Jahn oblige le corps à s'adapter à la gymnastique. La formule de Ling est « vive qui doit vivre », c'est-à-dire aide aux faibles. Soutien au vaincu de la vie. »

Chapitre 5

LES FAITS MARQUANTS DANS LA VIE DE TISSIÉ

Tissié a beaucoup voyagé en France et notamment en Belgique pour donner des conférences sur sa méthode d'éducation physique. Ses écrits ont fait l'objet de nombreuses publications notamment dans la « Revue des jeux scolaires et d'hygiène sociale ».

J'ai choisi les actes les plus importants de son parcours en faveur de l'éducation physique.

La Ligue Française d'Éducation Physique

Le fait important lors de son séjour à Bordeaux est la fondation de la « Ligue Française d'Education Physique » en 1888. Il trouve un soutien solide auprès du recteur de l'Académie de Bordeaux, Auguste Couat (1848-1898).

Voici ce que dit Tissié au sujet de la Ligue Française d'Education Physique :

« Couat lui accorda son concours le plus réfléchi et le plus dévoué. En pédagogue averti et en chef de grande valeur, il comprit vraiment le rôle que l'université devait jouer vis-à-vis de la Nation qui lui confie l'éducation de ses enfants. » (*L'éducation physique et la race*)

Pour recueillir une moisson d'observations entre les lycées et collèges, Philippe Tissié fonde en 1890 la revue des jeux scolaires, « Bulletin officiel de la Ligue Girondine d'Education Physique », devenue ensuite la « Revue des jeux scolaires et d'hygiène sociale ».

Pour Tissié, la lutte commence car les réformes sont mal tolérées. Voici les réponses d'un proviseur à Tissié :

« Tout élève qui prend une initiative est un imbécile *(sic)* me dit un jour un proviseur au cours de mes inspections d'éducation physique, et l'un des adversaires irréductibles des Lendits. Il n'arrive pas dans la vie. L'enfant et l'adolescent sont des êtres inférieurs en voie d'évolution, ils doivent être tenus en tutelles *(sic).* »

On reste sans voix, et on est tenté de dire que l'imbécile est le proviseur.

Les Lendits

Toujours avec le soutien du recteur Couat, il fonde l'œuvre des Lendits Girondins de l'Académie de Bordeaux et du Sud Ouest.

« Un Lendit est une petite mobilisation scolaire dans laquelle le recteur peut juger d'un coup d'œil l'ensemble des résultats acquis, au cours de l'année, dans chaque établissement en éducation physique et en éducation morale. » (*L'éducation physique et la race*)

Ces Lendits créent une union régionale entre tous les élèves des lycées et collèges. Ceux-ci se retrouvent ensuite à l'Association Générale des Etudiants, à Bordeaux. « De solides amitiés furent ainsi soudées. »

Une réunion des Lendits avaient lieu tous les ans aux fêtes de Pentecôte, pendant 5 jours du samedi au mercredi avec une remise de prix. Le programme : les premières journées étaient consacrées aux exercices de la gymnastique suédoise, plus des exercices d'application sportive, le bâton, la boxe française, l'escrime, lutte à la corde, saut à la perche, courses de 100 mètres, courses de haies.

Une quatrième journée était consacrée au tourisme dans les municipalités qui recevaient les Lendits. Tourisme avec les familles, les maîtres, les élèves, les membres de la Ligue d'Éducation Physique. Il y eut même une visite en territoire espagnol avec présence des autorités civiles et militaires espagnoles.

La dernière journée était celle de la remise des prix aux vainqueurs.

Après 15 ans de succès, Paris discrédita l'œuvre des Lendits. Décision politique qui annihilait l'œuvre de Tissié.

Tous les efforts de Tissié furent chaque fois entravés par les politiciens. Il fallait préserver le système en place.

Voici ce que dit Tissié page 277 de *L'éducation physique et la race* :

« L'introduction de l'émotivité politique et religieuse dans le domaine de l'éducation physique, et l'utilisation de celle-ci aux luttes des partis est une grave erreur et une lourde faute. Où on ne devrait voir que de la santé on ne voit que de la politique. […]

Nous cherchons avant tout, dit le président d'une grande Union de Sociétés de Gymnastique, à donner à nos jeunes une éducation républicaine et laïque. » *(sic)*

A quoi le président d'une non moins grande Fédération de Sociétés de Patronages répond : « Que le but de ces patronages n'est pas tant de grouper les jeunes gens en vue de leur éducation physique que de leur éducation religieuse. » *(sic)*

La réponse de Tissié est cinglante :

« L'éducation physique est une branche importante de l'hygiène et de la thérapeutique. De même qu'en hygiène il ne saurait exister de chauffage central catholique, de ventilateurs protestants, ni de chasses d'eau israélites etc., pas plus qu'en thérapeutique, de quinine républicaine, d'opium royaliste, de bromure bonapartiste, ni de rhubarbe socialiste etc., il ne saurait exister de gymnastique « républicaine » et laïque ; pas plus que de gymnastique religieuse. » (*L'éducation physique et la race*)

Il faut souligner que tous les membres des Lendits se sont particulièrement illustrés par leur courage durant la guerre de 1914.

1893. Le Vélo Club Bordelais

Pendant la période où le docteur Tissié étudie son sujet Albert, il devient médecin du Vélo Club Bordelais, ce qui lui permet de faire une riche moisson d'observations.

Il publiera deux livres : *Le guide du vélocipédiste pour l'entraînement, la course et le tourisme* (Paris, Ed. Octave Douin, 1893), *La fatigue et l'entraînement physique* (Paris, F. Alcan, 1908).

Voici ce qu'il écrit :

« Je vécus avec les coureurs, les spécialistes, et les « athlètes » du cyclisme, je les observais, je poursuivis les recherches scientifiques et, finalement, j'en vins à conclure, par le témoignage de faits précis pris sur nature, avant et pendant les exercices sportifs à bicyclette soit sur pistes, soit sur route, que la fatigue provoque les mêmes phénomènes psychomoteurs, psychosensitifs etc… que ceux que j'avais observés chez Albert, avec le même dédoublement de la personnalité. » *(L'éducation physique et la race)*

1898. Le contact avec la Suède

En 1898, Tissié est chargé de mission scientifique en Suède pour étudier la gymnastique de Ling. Le roi Oskar II lui fait ouvrir toutes les portes. Il peut visiter les écoles, les casernes, les gymnases, les instituts où la gymnastique suédoise est utilisée pour soigner des pathologies.

« Je suis revenu avec la certitude que la méthode de Ling est basée sur des principes scientifiques inattaquables et qu'elle est au courant de la science actuelle mais que pour l'appliquer dans son esprit et dans sa lettre il est absolument nécessaire de posséder des professeurs de réelle valeur que nous n'avons pas à l'heure actuelle. Tous mes efforts consistent depuis 20 ans à doter la France de cette méthode, comme point de départ d'une application rationnelle de l'éducation physique. » (*L'éducation physique et la race*)

Pau - de 1900 à 1913

Durant toute cette période Philippe Tissié fera un travail de fond considérable. Il pourra vérifier la valeur et les résultats de sa gymnastique tant sur ses élèves de l'Ecole Normale qu'à sa clinique. Ce sera un recueil d'observations qui confirmeront les bienfaits de la méthode suédoise.

Les faits se sont déroulés de la façon suivante.
Le 23 avril 1903, il donne une conférence sur la gymnastique et donne un cours qui durera deux semaines aux instituteurs et institutrices des écoles primaires de Pau. Ce cours est également suivi par les élèves des deux Ecoles Normales d'instituteurs et d'institutrices du département.
L'inspecteur d'Académie lui demande de rédiger la partie éducation physique du bulletin pédagogique des écoles primaires élémentaires de Pau.
Ensuite pendant 10 ans il se rendra à l'Ecole Normale d'institutrices de Pau deux fois par semaine pour assurer personnellement les cours.
Il réussit à avoir une salle, la salle de dessin qu'il transforme en salle de gymnastique avec un minimum d'accessoires tout en laissant la destination primitive à cette salle.
Il donne un enseignement à la fois théorique et pratique à 60 élèves à la fois. Il ajoute des cours d'anatomie, de physiologie, de pédagogie, de psychologie, de méthodologie. Il est passionné par ce travail qui lui permet de vérifier, une fois de plus, la validité de la méthode suédoise.
Je le cite[2] : « Je refis mon instruction en anatomie. Les connaissances qui m'avaient été données à la faculté de

---

[2] Toutes les citations de ce paragraphe consacré à Pau sont issus de *L'éducation physique et la race* (y compris les extraits du rapport de la directrice de l'Ecole Normale d'institutrices de Pau).

28

médecine n'avaient aucune valeur du point de vue du mouvement appliqué à la gymnastique ».

Il fait changer le costume des jeunes filles pour qu'elles soient à l'aise dans les mouvements.
Philippe Tissié fut féministe avant l'heure. Il prêche pour que les femmes ne soient pas écartées de l'éducation physique.

« Observant, comparant, déduisant, avançant lentement, je pus ainsi pendant dix ans, m'instruire bien mieux, sur nature, que dans les livres, dits classiques, mais qui en science du mouvement ne classent rien du tout. L'étude de l'anatomie, si aride en face du cadavre qui ne bouge pas, me devint aussi agréable que la lecture d'un récit d'exploration, devant le corps humain qui remue, et cela par la recherche des relations entre les muscles et les grandes fonctions de la vie. »
Fort de cette expérience, il rédige un traité élémentaire d'anatomie gymnastique prêt à être édité et qui malheureusement n'a pas été retrouvé après sa mort.

Les résultats : je donne des extraits du rapport adressé par la directrice à l'inspecteur général de l'enseignement primaire, Félix Martel :

Effets sur la santé générale.
« Diminution du nombre des élèves qui viennent à la consultation hebdomadaire du médecin de l'école : 38 en 1903 - 15 en 1905.
Diminution sensible du nombre des élèves chez lesquelles les fonctions périodiques étaient douloureuses.
La santé des élèves de 3e année, celles qui ont le plus bénéficié de la gymnastique suédoise appliquée à l'école, est

plus forte en 1905 après 2 années complètes de gymnastique suédoise que dans les années précédentes.
L'appétit est excellent. Plus de restes sur les tables. »

Effet sur l'attitude.
« Les élèves qui ont les épaules les plus effacées, la poitrine plus développée, la taille la plus droite appartiennent à la 3e année. Cessation volontaire du port du corset.
L'attitude est restée cependant si ferme, si droite, le maintien si correct que nous-même, dit la directrice, nous avons ignoré d'abord ce changement de toilette intime. Nos élèves s'en passent admirablement. »

Effets intellectuels et moraux.
« Activité plus grande de l'esprit des élèves de 3e année au moment des examens de fin d'études malgré la chaleur déprimante des mois de juin et juillet.
Il n'y a pas à en douter, constate encore la directrice, la gymnastique rationnelle ne fortifie pas seulement les muscles, elle agit encore sur l'énergie humaine, elle est pour ainsi dire une école de volonté. »

La grande déception.
Tissié ne put se rendre au congrès international d'éducation physique organisé à la faculté de Paris en 1913. La directrice refusa la participation de son école au congrès. La question fut portée devant le ministère de l'Instruction Publique qui refusa de trancher.
Pour Tissié, son œuvre fut sacrifiée, ce qui s'ajouta à la suppression des Lendits qui s'étaient tenus pendant 15 ans et dont le ministère avait aussi ordonné l'arrêt. Le choc fut rude.

Illustrations 3 et 4 : Exercices de gymnastique à l'Ecole Normale de Pau

La gymnastique suédoise dans l'armée

A Pau le docteur Tissié obtient le soutien du colonel commandant le 18e Régiment d'Infanterie.

Il applique la méthode suédoise aux soldats, forme des instructeurs, donne aussi des cours sur les premiers soins à faire sur le champ de manœuvre. Les cours quotidiens durent deux heures et demie.

Il démontre la valeur de la méthode suédoise par rapport à la méthode allemande qui est la seule pratiquée en France.

« Dans mes conférences j'ai développé les propositions de ma formule psycho-dynamique : on marche avec ses muscles, on court avec ses poumons, on galope avec son cœur, on résiste avec son estomac, on arrive avec son cerveau. » *(L'éducation physique et la race)*

Chaque conférence est suivie d'une séance pratique sur la matière vue en cours.

Il voudrait que les officiers formés de façon scientifique donnent des cours dans les écoles aux enfants aussi bien en ville qu'en milieu rural, ainsi la continuité serait assurée depuis l'école jusqu'à l'armée.

Je le cite : « Le retard en France en éducation physique vient précisément de ce que pendant cent ans l'éducation du corps a été confiée à des manœuvres non à des ingénieurs biologistes compétents. Jusqu'à ce jour le corps délicat de l'enfant a été comme un chronomètre de précision qu'on aurait donné à réparer à un forgeron aux doigts épais et lourds ». *(L'éducation physique et la race)*

En janvier 1916 Tissié est reçu par le Général Joseph Galliéni (1849-1916) pour exposer son plan d'éducation physique. A cette période la gymnastique suédoise va remplacer la méthode allemande du Colonel Amoros. Il propose un officier suédois retraité compétent pour former les cadres. Tissié propose également l'assistance de ses anciennes élèves de l'Ecole Normale d'institutrices de Pau, placée sous sa direction pour corriger les fautes. L'introduction de femmes dans l'armée à l'époque est déjà un pari. Le Général lui répond « Pourquoi pas ? ». En février 1917, il obtient carte blanche pour l'enseignement et le choix de ses collaborateurs.

Le 26 février 1916 le Général Galliéni fondait à Pau une école provisoire d'éducation physique, sur les bases données par Philippe Tissié.

En mars, le docteur Tissié était informé par le directeur de l'infanterie au ministère de la Guerre que : « le ministère de l'Instruction Publique ayant refusé le concours à l'armée de mes collaboratrices, les institutrices, il n'était plus possible d'ouvrir l'école de Pau ». (*L'éducation physique et la race*)

Ce n'est pas l'armée qui a refusé la présence de femmes pour donner des cours, c'est le ministère de l'Instruction Publique. Ce qui a contribué à desservir Tissié, c'est la succession de décès, celui du Général Galliéni acquis à ses idées et celui du recteur Couat de l'Académie de Bordeaux.

Tout le travail de Tissié fut cassé. L'Union des sociétés de gymnastique sous l'influence d'un de ses membres, un hongrois nommé Demenij, avec une mauvaise foi évidente, prônait le retour à la gymnastique allemande et contestait la validité de la gymnastique suédoise. Un confrère député, qui avait soutenu Tissié, retournait sa veste ; sa lettre adressée à Tissié est un tissu d'hypocrisie.

Tissié n'a pas été soutenu par ses confrères, excepté quelques médecins acquis à ses idées. (Je donnerai plus loin le récit d'un médecin, le docteur Tierce qui a passé sa thèse sur les résultats de la méthode suédoise - thèse soutenue le 11 juin 1913 à Paris.)

Le 6 mars 1916 un médecin député, qui avait assisté à la démonstration de la gymnastique suédoise le 4 février 1916 donnée par Tissié à l'Ecole Normale de la Seine aux normaliens de la classe 1917, lui écrivait : « La tâche que vous assumez est capitale pour notre pays, et j'espère que les jeunes générations de France seront entraînées d'après vos principes à l'éducation physique si nécessaire pour le développement même de la santé et de la race... Il nous faudra saisir de la question le ministre de l'Instruction Publique afin que votre méthode soit généralisée dans tous les établissements d'enseignement. »

Le 22 avril 1916 Tissié reçoit une deuxième lettre de ce même député. Le ton a changé : « Le problème de l'éducation physique est très vaste et pour faire œuvre sérieuse, il est nécessaire de réfléchir longuement à toutes les méthodes proposées... Il y a, vous ne l'ignorez pas, en matière parlementaire de nombreux éléments qui interviennent et obligent à des modifications et des amendements, si l'on veut obtenir le vote nécessaire et aboutir à une forme légale. Encore une fois je vous remercie de votre dévouement et de l'impulsion si nouvelle et si énergique que vous donnez à l'éducation physique dont vous êtes véritablement l'apôtre dans notre pays. »

Entre ces deux lettres il y a le rapport du 17 mars 1916 de l'Union des sociétés de gymnastique de France cité par Tissié : « Nous avons été émus dit le Vice Président de l'Union dans son rapport à la commission en apprenant que le docteur Tissié de Pau multiplie ses démarches profitant en quelque sorte du trouble résultant des évènements de guerre pour revenir à la charge en présentant comme nouvelle une méthode d'éducation physique depuis longtemps expérimentée et condamnée... Rappelez vous, Messieurs qu'il y a quinze ou vingt ans déjà la Suède a lancé à travers le monde des agents et des professeurs et fait une réclame coûteuse et effrénée en faveur de la gymnastique suédoise. Toute cette réclame s'est effondrée et l'insuccès a été complet. Il reste encore en France le docteur Tissié pour défendre un système qui, s'il était appliqué, nous ramènerait en arrière faisant table rase des progrès accomplis. Ces progrès de notre gymnastique française sont insuffisamment connus. » *(L'éducation physique et la race)*

Ceci explique le ton de la deuxième lettre adressée à Tissié par le député.

Son franc parler, sa lucidité ont dû irriter certains de ses confrères. Il avait écrit dans *L'éducation physique et la race* : « Un autre danger : les médecins. Danger d'autant plus sérieux que leur diplôme leur permet de parler de toute chose en médecine ! Ceux qui ont dépassé la cinquantaine recommandent les agrès, trapèze, anneaux, barres fixes et surtout les haltères, une panacée. Ceux de la nouvelle génération conseillent les sports. En gymnastique respiratoire ils font souffler dans une bouteille pour développer la cage thoracique. Thérapeutique simpliste. Aucun enseignement n'est donné dans les facultés, les médecins ne peuvent donc formuler en connaissance de cause l'ordonnance physique comme ils formulent l'ordonnance pharmaceutique. Ils réclament pourtant la direction de l'éducation physique scolaire. Les professeurs de nos facultés ignorent également la question. Où l'auraient-ils connue ? Cercle vicieux. Il faut en sortir en formant tout d'abord des maîtres compétents qui iront s'instruire à l'institut de Stockholm comme ils viennent le faire à Paris pour la bactériologie à l'Institut Pasteur. »

Sa position face à la médecine et l'éducation physique

Voici ce que dit le docteur Tierce au sujet de la méthode suédoise dans sa thèse de médecine[3] :
« Les observations ont porté sur 500 garçons français de 8 à 19 ans ayant pratiqué la gymnastique suédoise dès leur entrée dans une institution privée, l'école de la rue de Madrid, à Paris. La gymnastique y est obligatoire, tous les élèves en font, bien que ce soit seulement un externat civil. Tandis qu'au lycée Janson de Sailly, où le professeur Georges Weiss (1859-1931)[4] avait demandé qu'on expérimente cette méthode, 131 élèves sur 150 s'en dispensèrent ou s'en firent dispenser.

L'éloge de cette méthode n'est plus à faire, conclut le docteur Tierce.

Des mesures effectuées, il résulte que tous les jeunes gens se livrant à la pratique régulière de la gymnastique à raison de quatre séances de 30 minutes par semaine, ont toutes leurs mensurations supérieures aux mensurations moyennes partout admises.

Ainsi la taille, d'après les tables du Dr Variot, est en moyenne 1m11 à 7 ans ; 1m22 à 9 ans ; 1m50 à 14 ans, alors que les moyennes du docteur Tierce pour les mêmes âges sont respectivement 1m24 ; 1m27 ; 1m53 ; soit une augmentation de taille de 0,03 cent à 7 ans ; de 0,04 cent à 9 ans ; de 0,03 cent à 14 ans.

La mensuration des tours de poitrine suit la même progression…

---

[3] Dr TIERCE. *L'évolution physique de l'enfant et de l'adolescent par la gymnastique et les sports*. Paris, Amédée Legrand Editeur, 1913.

[4] Georges Weiss fut le premier doyen de la nouvelle faculté de médecine de Strasbourg après la Grande Guerre

Tous les enfants qui présentaient une respiration anormale et un thorax déformé ont été sans traitement médical spécial rapidement améliorés. »

Je pense que si, en France, on pratiquait une gymnastique construite sur les mêmes principes depuis l'école primaire jusqu'en terminale, on assurerait un bon développement physique aux enfants pour la vie.

« Entraîner son corps tous les matins, au sault du lit, par une gymnastique éducative physiologique, c'est glisser tous les jours une pièce d'or dans la tirelire de la vie ; c'est permettre à sa Machine humaine de fournir un travail puissant et prolongé. » (Tissié. *Précis de gymnastique rationnelle de plain pied et à mains libres*)

Dans la gymnastique suédoise, le corps exécute des mouvements dans l'espace suivant des plans de géométrie en rapport avec l'anatomie et la physiologie.
Je cite Tissié : « Des critiques peu expérimentés accusent la gymnastique suédoise de Ling d'être ennuyeuse et fatigante ; ils ajoutent qu'elle est surtout médicale. Cette erreur mérite d'être relevée. Par la variété de ses moyens la gymnastique suédoise est récréative et amusante ; elle est pédagogique, athlétique, médicale et esthétique. Le tout est de savoir l'appliquer. Cette science est difficile ; elle ne s'acquiert pas subitement, car elle est une branche importante de la biologie. Ceux-là donc qui, pour la rendre amusante, en détruisent les cadres que Ling a constitués, commettent un acte nuisible, contraire à la vérité scientifique et à l'observation des faits. Il ne faut pas accuser d'erreur une méthode qu'on ignore, l'accusation retombe alors sur les accusateurs. Je le répète, il n'y a pas de science ennuyeuse, il

n'y a que des maîtres ennuyeux ; ils sont ennuyeux par ignorance de la science qu'ils enseignent. » *(L'éducation physique et la race)*

Chapitre 6

La vieillesse

Tissié a milité pour que l'éducation physique soit pratiquée tout au long de la vie, même à un âge avancé :
« Mourir à cinquante ou soixante ans, c'est frustrer la société d'une force de réelle valeur puisqu'elle est faite d'expérience. Une nation vaut surtout par ses hommes mûrs et par ses vieillards. Ceux-ci doivent donc s'entraîner aux exercices physiques car possédant l'expérience, il leur appartient de conseiller, de guider, d'agir. Les organes de vie : poumons, cœur, cerveau, etc... sont les mêmes à tout âge ; il est donc nécessaire de les entraîner rationnellement, au cours de leur évolution. [...]
L'athlète n'est pas l'homme musculairement fort, mais l'homme qui, possédant la meilleure santé physique, intellectuelle et morale, reste jeune jusqu'à la plus lointaine vieillesse et qui, grâce à cette jeunesse même, peut produire un travail utile à la société. Le véritable athlète, au sens même de la vie, le seul qu'il importe de considérer en éducation physique, est le vieillard qui, ayant su rester jeune, agit et produit comme un jeune.
Porter ses ans, est bien ; mais par une éducation physique rationnelle et méthodique, faire que les ans vous portent est mieux. » (*L'éducation physique et la race*)

Chapitre 7

Le dopage

Déjà à l'époque on usait de substances pour accroître les performances et repousser la fatigue. Le docteur Tissié met en garde contre l'utilisation de substances qu'il nomme les « endormeurs de la fatigue ».
Il déconseille les excitomoteurs, le thé, le café, la coca, la kola, le maté qui camouflent la fatigue et l'endorment.
La sensation de fatigue est à respecter, elle indique qu'on atteint la limite de l'effort et qu'on doit arrêter sous peine de désordres physiologiques graves.
Il cite le cas d'un confrère, le docteur Eugène Guillemet qui a fait deux tests sur un parcours de 60 km à bicyclette : un essai sans absorption de kola, un essai avec absorption de kola. Ces tests furent reproduits avec plusieurs autres coureurs :
- Sans noix de kola, fatigue très vive mais consciente, augmentation de la force à la main et aux lombes, mesurée avec un dynamomètre.
- Avec noix de kola, perte de force aux mains et aux lombes et la conscience de la fatigue n'existe pas.

Le docteur Tissié, qui était un excellent marcheur en montagne, a testé sur lui l'effet de la noix de kola. Voici son récit :
« Au début et au cours d'une marche en montagne, je mangeais une noix et demie de kola fraîche. Je me sentis progressivement devenir plus léger et plus fort. L'excursion me fut facile, je n'éprouvai aucune sensation de fatigue, un bien être très grand exalta progressivement mes forces en

raison de l'exercice et des prises de kola espacées sur le parcours. Ce bien être devint si grand qu'il se transforma en douleur, par intensité même de vie. Alors les sons arrivèrent ouatés à mes oreilles, mon cœur battit plus fortement, et tous mes muscles furent secoués par des vibrations très rapides, saccadées, comme celles que produirait le trembleur d'une bobine de Ruhmkorff. Cet état dura près de trois heures. Cependant la fatigue existait, mais elle était cachée, camouflée... »

Il cite le cas d'un directeur d'école adepte des ascensions en montagne qui utilisait régulièrement la noix de kola et qui termine avec une impotence fonctionnelle cardiaque.
Alcool, morphine, cocaïne, opium, haschich, détruisent la cellule nerveuse et sont à proscrire formellement. Il dénonce également les méfaits du tabac qui a une action néfaste sur les systèmes circulatoire et cardiaque.

Je me demande quelles seraient, à notre époque, les pensées de Tissié sur ce sujet : à l'heure actuelle chaque performance est entachée de suspicion.
Souvent un an après les épreuves on apprend qu'un athlète est déclassé pour dopage.

DEUXIÈME PARTIE

Dans cette deuxième partie, j'expose les principes de la gymnastique suédoise de Tissié.

Je donne pour exemple deux exercices du *Précis de gymnastique de plain pied et à mains libres* avec les commentaires et les fautes à éviter, pour montrer la précision du mouvement.

Chapitre I

LES PRINCIPES DE LA GYMNASTIQUE SUÉDOISE DE TISSIÉ

Tous les travaux de Tissié sont basés sur l'anatomie et la physiologie.

Considérant le squelette, il détermine deux plans :

- un plan postérieur rigide avec la colonne vertébrale et l'omoplate,

- un plan antérieur plus souple constitué par la cage thoracique, les côtes et le sternum.

Pour le plan postérieur, il détaille la colonne vertébrale en mettant en évidence les différents segments osseux : les vertèbres lombaires épaisses et solides avec des tubérosités sur lesquelles peuvent s'accrocher des masses musculaires importantes. Les autres vertèbres, des dorsales jusqu'aux cervicales, diminuent d'épaisseur.

Il fait une autre distinction entre l'os iliaque et les articulations coxo-fémorales qui servent de base à la colonne vertébrale, et l'articulation scapulo-humérale faite pour la souplesse.

Il constate que le sternum est un os souple ne comportant aucune saillie osseuse pour donner un point d'appui.

« La structure du squelette doit fixer la méthode en éducation physique, d'après la place occupée par les points d'appui, c'est-à-dire d'après les protubérances osseuses. » (*L'éducation physique et la race*)

Il constate ainsi que toutes les protubérances osseuses sont situées dans le plan postérieur, de l'occiput au calcanéum (épine de l'omoplate, apophyses lombaires, du sacrum, de la crête iliaque, du grand trochanter).

Il justifie son opposition à la gymnastique allemande aux agrès de Jahn et Amoros.
La méthode suédoise s'adresse surtout à l'omoplate, la méthode allemande au sternum.
La méthode allemande globalise les muscles pectoraux par le point d'appui pris sur le sternum ; en imposant la force au sternum, elle violente la nature, bride la cage thoracique et nuit à la respiration.
Par contre, la fixation de l'omoplate dans la gymnastique suédoise avec ses dix sept muscles permet à la cage thoracique de mieux fonctionner, elle permet la souplesse du sternum.
« La lutte entre les deux écoles se résume donc dans la lutte entre les deux os : l'omoplate avec la Suède, le sternum avec l'Allemagne et la France.
L'anatomie biologique tranche la question en faveur de la Suède. » (*L'éducation physique et la race*)

La colonne vertébrale est le point d'appui de tous les leviers du corps humain. Tissié établit le centre de gravité du corps humain au bord inférieur de la 12ᵉ dorsale.
Toute la partie placée au-dessous du centre de gravité est plus développée (à partir de D12). Cette partie doit assurer la force. La partie située au-dessus, où les vertèbres sont plus minces au fur et à mesure qu'on monte vers la tête, est faite pour assurer la souplesse et l'élasticité.

Conclusion pour le docteur Tissié : il faut renforcer le plan postérieur, c'est-à-dire faire travailler les muscles du dos.

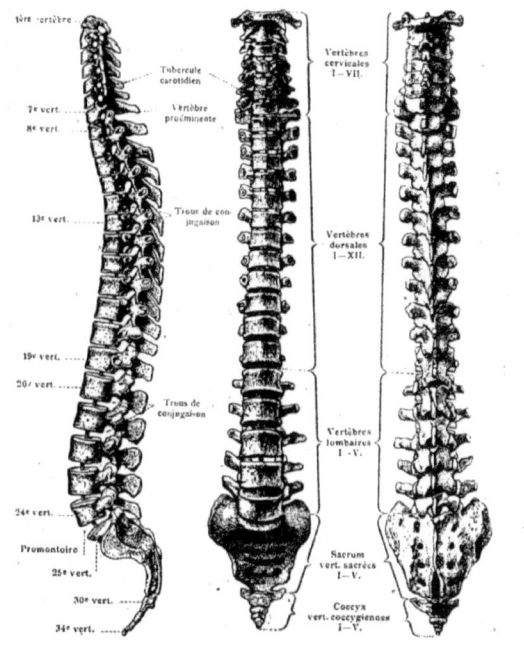

Illustration5 : La colonne vertébrale

Chapitre 2

LA RESPIRATION

« La question de la respiration est vitale par excellence. Elle ne peut être résolue ni empiriquement ni émotivement. Les partisans de la méthode allemande aux agrès de suspension imposent une gymnastique antiphysiologique sous le fallacieux prétexte que cette gymnastique est patriotique (sic). On ne respire pas patriotiquement en germain, scandinave, anglo-saxon, slave, mongol, latin etc…. on respire humainement. On doit surtout respirer physiologiquement. » (*L'éducation physique et la race*)

Tissié insiste sur l'Importance du diaphragme, muscle roi, élément fondamental de la respiration avec une action de massage sur tout le contenu du tronc : action de massage sur le cœur dans la partie haute et massage en partie basse sur tout le contenu abdominal.
« Une méthode rationnelle d'éducation physique doit donc se préoccuper d'adapter les mouvements du corps au mouvement du diaphragme. »(Dr Tissié) Et non l'inverse.

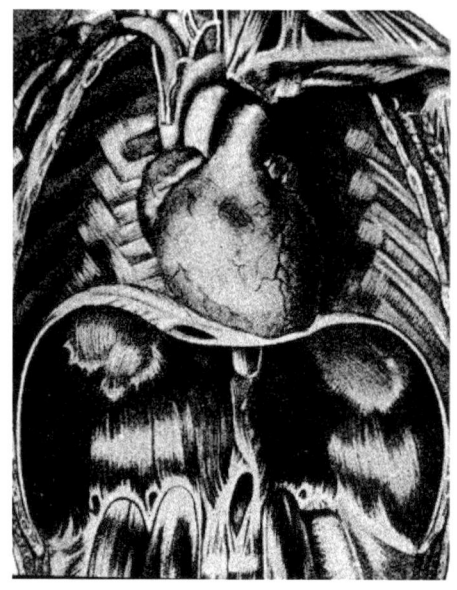

Illustration 6 : Le diaphragme et le cœur

La respiration doit toujours être nasale sauf dans la course. D'où l'Importance de la liberté des voies respiratoires qu'il convient de surveiller chez les enfants.

Il explique l'antagonisme entre la respiration et l'attention forcée. « A respiration profonde, attention superficielle ; à attention profonde, respiration superficielle ». Par contre, la gymnastique respiratoire faite lentement et avec amplitude est un excitant de l'attention volontaire. Il conseille de recommander aux élèves, au cours de leurs études, de courtes séances de respiration pour faciliter le travail intellectuel.

Il existe une différence entre la structure des côtes qui sont très « élastiques » dans la partie basse et les six premières côtes reliées au sternum qui sont semi-rigides au niveau des articulations sterno-costales. Il faut mobiliser cette région pour permettre une respiration complète qui aère le sommet des poumons.

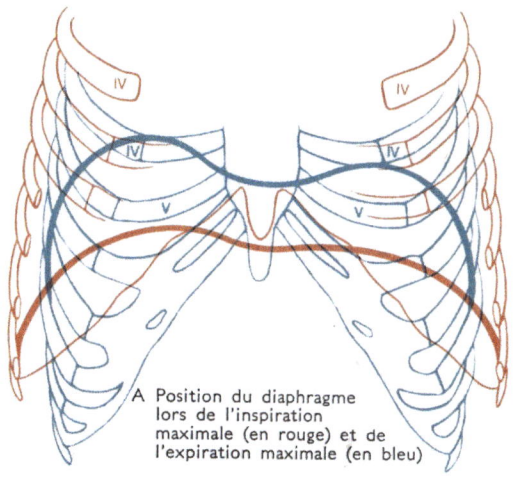

Illustration 7 : Cage thoracique et diaphragme

Pour Tissié, il est impératif que les jeunes se soumettent au sport après avoir rendu une mobilité au jeu costal supérieur, ce que la gymnastique suédoise permet de réaliser notamment avec les exercices qu'il appelle les courbes raidies (dont je donne un exemple plus loin).

« Des manœuvres agissant sur chaque vertèbre dorsale, actionnées spécialement l'une après l'autre ainsi que des touches de piano comme point d'appui du levier costal qui s'y insère, permettent d'agir qualitativement en vue du développement de la cage thoracique à son sommet. » (*L'éducation physique et la race*)

Chapitre 3

QUATRE MUSCLES IMPORTANTS

Le diaphragme et le psoas

Le docteur Tissié attache une grande importance à deux muscles qu'on ne voit pas, le diaphragme déjà cité et le psoas.

Ces deux muscles imbriquent leurs insertions sur les vertèbres lombaires à proximité du centre de gravité du corps humain que Tissié situe au bord inférieur de la 12e dorsale.

Il schématise ce système par la lettre **K**, qu'il appelle le K de la nutrition.

La branche verticale représente la colonne vertébrale. La barre oblique supérieure représente les 2 piliers du diaphragme. La barre oblique inférieure les 2 psoas.

Le diaphragme, par sa face supérieure, est en rapport avec la plèvre, le poumon, le péricarde et le cœur. Le cœur et le péricarde s'allongent et se rétrécissent dans l'inspiration. Ils se raccourcissent et s'élargissent dans l'expiration.

Le psoas répond en avant aux vaisseaux rénaux, à l'uretère, aux vaisseaux spermatiques ou utéro-ovariens, aux portions verticales du côlon.

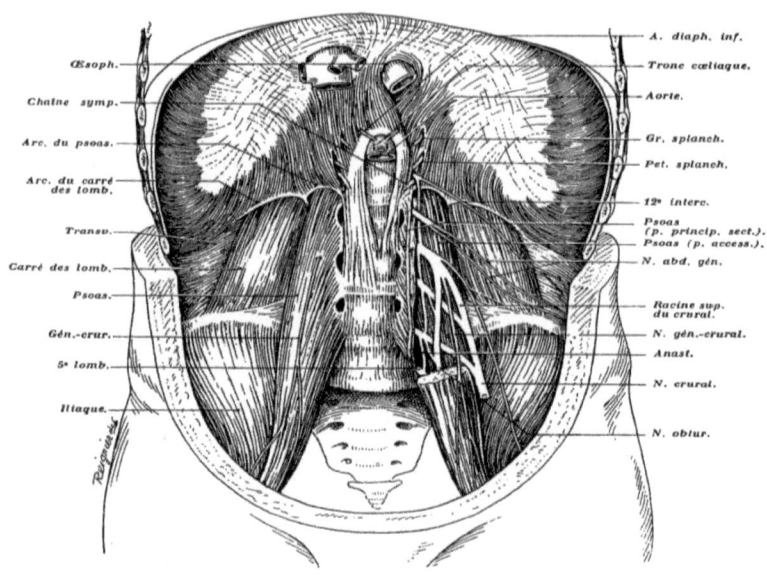

Illustration 8 : Diaphragme et psoas

Le docteur Tissié donne quelques précisions sur deux autres muscles :

Le grand droit de l'abdomen et le grand dentelé

« Il est impossible de fléchir le bassin sur le thorax, c'est-à-dire sur le tronc, et le tronc sur le bassin dans la position rigide couchée sur le dos. L'action du grand droit, qu'elle vienne du pubis ou des côtes, est nulle parce qu'elle ne mobilise aucun des segments. Cette mobilisation est due au psoas iliaque. » (*Précis de gymnastique de plain pied et à mains libres*)
L'observation de Tissié est rigoureusement exacte. En fait, il serait préférable de faire travailler le grand droit en contraction isométrique.
Dans sa gymnastique, il accorde beaucoup d'importance aux muscles obliques et au transverse de l'abdomen.
« La connaissance du jeu antagoniste du grand droit et du transverse de l'abdomen vis-à-vis du diaphragme est très importante en éducation physique. » (*L'éducation physique et la race*)

« Le grand droit de l'abdomen est un muscle rubané plus large et plus mince en haut qu'en bas, s'étendant du pubis au sternum et aux côtes moyennes où il se divise en trois languettes terminales.
Le peu de développement du grand droit fixe la limite de sa fonction dans son action localisée à l'abdomen et non à la fois à la colonne vertébrale, au bassin et à la cuisse comme le psoas iliaque qui s'insère en bas au fémur alors que le grand droit s'insère au pubis. En l'espèce vouloir faire soulever et fléchir la cuisse sur le bassin par le long et faible muscle rubané qu'est le grand droit, c'est vouloir soulever un lourd

madrier avec une ficelle chose d'autant plus impossible que la ficelle n'est pas attachée au madrier. » *(Précis de gymnastique rationnelle de plain pied et à mains libres)*

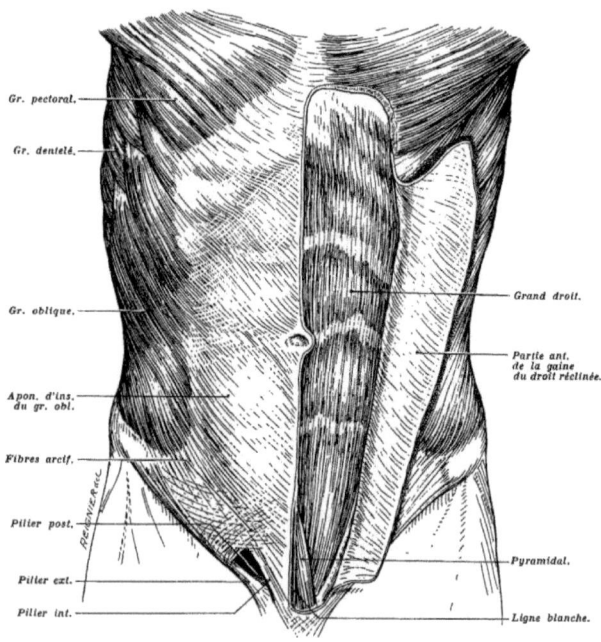

Illustration 9 : Muscles : grand droit de l'abdomen et grand dentelé

Le grand dentelé

Tissié explique l'importance de ce muscle suite à une broncho-pneumonie à l'âge de 80 ans, qui mit sa vie en danger. Devant l'échec des traitements de l'époque, il demande à ses confrères de lui permettre de se traiter lui-même.

Voici son récit :

« J'appelai une masseuse ignorante d'ailleurs de toute anatomie, lui ayant expliqué la fonction du grand dentelé et indiqué les points où elle devait atteindre les petits nodules cellulitiques et les écraser. Je dirigeai son travail. […] Au bout de quelques jours je respirais profondément, le jeu costal était rétabli. Les expectorations d'abord abondantes se raréfièrent. […]

Je me suis ainsi rétabli grâce à la rééducation de mon grand dentelé et celle de tous mes muscles qui avaient été fortement réduits par autophagisme libérant ainsi mon cœur et mes poumons. L'espalier de Ling a eu raison de la seringue de Pravaz. »

Le grand dentelé est un muscle qui s'attache sur l'omoplate et les côtes. Il élève les côtes lorsque le point d'appui est pris sur l'omoplate préalablement fixée. C'est un auxiliaire du diaphragme.

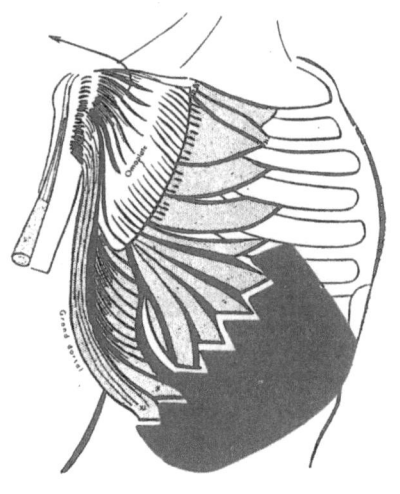

Illustration 10 : Le grand dentelé
(en gris sur le schéma)

Chapitre 4

PLAN D'UNE SÉANCE DE GYMNASTIQUE SUÉDOISE

Voici le plan d'une séance de gymnastique suédoise suivant les indications de Tissié dans son *Précis de gymnastique de plain pied et à mains libres*.

La durée d'une séance peut varier de 20 minutes à 60 minutes. Elle comprend douze parties.

I - Une mise en train - avec des marches et la récapitulation succincte de tous les mouvements de la leçon
II - Mouvements de tête
III - Mouvements des bras
IV - Mouvements des jambes
V - Mouvements du tronc région postérieure
VI - Mouvements du tronc région antérieure
VII - Mouvements du tronc régions latérales, droite et gauche
VIII - Mouvements du tronc en torsion abdominale, droite et gauche
IX - Mouvements d'équilibre
X - Mouvements pour une accélération cardiaque
XI - Mouvements de retour au calme
XII - Mouvements de mise en place pour la fin du cours

Toutes les parties du corps sont travaillées pour solliciter le système cardiovasculaire avec une progression dans l'intensité et la difficulté des exercices. La séance se termine avec un retour au calme. Tissié s'attache à ce qu'il n'y ait aucun surmenage.

Chapitre 5

LES EFFETS BÉNÉFIQUES DE LA GYMNASTIQUE SUÉDOISE

Le Docteur Philippe Tissié, tout au long de sa carrière, a vérifié l'efficacité des exercices, durant son séjour à Pau, dans sa clinique et à l'Ecole Normale d'institutrices dont j'ai déjà parlé. A Paris également dans l'établissement privé de la rue de Madrid que j'ai cité, où les résultats ont fourni la matière pour une thèse à un médecin ; et sur lui-même lors d'un épisode grave de bronchopneumonie (déjà mentionné).

Je me suis cantonné à quelques exemples qui me semblent parlants. Ce qui est remarquable, c'est que le travail de Tissié est à la fois physique, physiologique et psychologique. Le tout s'inscrit dans la durée, il n'y a pas de solution miracle. Il existe un travail de fond, progressif, qui ne violente pas le corps, qui évite le surmenage et qui favorise l'homéostasie du corps humain. Il comble les carences et aide le corps à retrouver son équilibre et, par ce côté, Tissié est un médecin hygiéniste.

Tissié a vérifié les résultats par des tracés cyrtométriques pris à trois mois d'intervalle qui confirment les bénéfices de la gymnastique respiratoire.

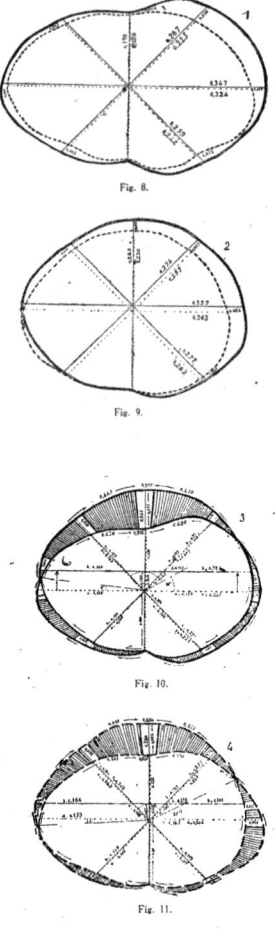

Illustration 11 : Courbes cyrtométriques

Il montre les résultats chez un jeune homme ayant contracté une grave maladie pulmonaire.

Après 25 séances de massage et 10 de gymnastique du 26 mai 1909 au 31 juillet suivant, on constate le rééquilibrage des zones du thorax.

« Voici les tracés de tour de poitrine pris à ma clinique de gymnastique médicale à Pau, sur un jeune homme de vingt ans, atteint d'adhérences pleurales à gauche, à la suite d'une pleurésie contractée au régiment. La courbe en trait *pointillé* du tracé (*fig. 8*) est celle de l'*expiration forcée* ; la courbe en trait *plein* est celle de l'*inspiration forcée.* Le premier tracé, très asymétrique, aplati à gauche, a été pris le 26 mai 1902, au début du traitement ; le second, N°2, a été pris le 31 juillet suivant, après vingt-cinq séances de massage et dix séances de gymnastique respiratoire. Le tour de poitrine (cyrtométrie) a été pris à 0 m. 04 au-dessus des mamelons..

Les deux tracés en ligne pleine (*fig. 8-9*) appliqués l'un sur l'autre (*fig. 10-11*) permettent de constater que dans l'*inspiration* le jeu de la cage thoracique a été modifié dans l'axe antéropostérieur. Tandis que la région sternale est projetée en avant, les deux régions latéropostérieures du premier tracé se resserrent vers le centre selon deux lignes à peu près symétriques à droite et à gauche de la région dorso-costale. La cage thoracique s'est développée en avant de 0,055 millimètres dans son axe antéropostérieur, soit près de 0,06 centimètres de gain pour l'amplitude thoraco-sternale. Dans l'*expiration*, le gain du diamètre antéro-postérieur est de 0,044. Dans les deux tracés le gain de la région antérieure s'acquiert aux dépens des pertes des régions latérales gauche et droite. C'est la région malade gauche qui a bénéficié du traitement. Si le côté sain avait bénéficié du traitement proportionnellement au côté malade, le tracé aurait conservé une forme asymétrique tout en s'élargissant, ce qui n'est pas. Le côté droit de la poitrine, muscles et poumons, a fourni un travail supplémentaire, pendant que le côté gauche, impotent, se reposait ; il s'est déchargé ensuite de ce surcroît de travail dès que le poumon gauche a pu fonctionner plus librement. Ainsi s'établit l'équilibre vital, principe même et loi fondamentale de la nature dans toutes ses manifestations actives. Le corps humain n'échappe pas à la loi universelle de cet équilibre des forces antagonistes. » (*Précis de gymnastique rationnelle de plain pied et à mains libres*)

Il traite une femme de 50 ans pour une anémie non infectieuse d'origine métritique hémorragique. Cette personne a fait plusieurs séjours dans des sanatoria en hautes altitudes.

Il démarre ce traitement le 27 janvier 1909 et après 83 séances d'une durée de 20 à 30 minutes, le 29 avril 1909 la formule sanguine est remontée. Par exemple, 2 950 000 globules rouges au départ, 4 770 000 à la fin des séances.

(Cas décrit dans *L'éducation physique et la race*)

Un cas intéressant a fait l'objet d'une communication de la part de Tissié : *Tics et toux spasmodique guéris par la gymnastique médicale respiratoire. Travaux de la clinique médicale psychodynamique du Docteur Ph Tissié* (1890).

Le professeur Pitres (1848-1928) lui adresse un enfant de 8 ans qui présente un tic de la face droite avec en même temps une toux spasmodique. Il porte un corset orthopédique pour redresser une cypholordose avec une atrophie musculaire de la région lombaire.

Tissié se rend dans la famille pour voir le climat familial. Les remèdes chimiques n'ont rien amélioré.

Il supprime le corset, et développe le corset musculaire abdominal et lombaire.

L'enfant se rend trois fois par semaine à la clinique de Tissié, où lui-même le prend en charge pour une heure de gymnastique. Il demande aux parents de surveiller l'enfant pendant 10 minutes d'exercices à la maison matin et soir. Il supprime les agrès que le père, pensant bien faire, avait installés.

Tissié, qui pratique l'hypnose, n'applique pas cette méthode en raison du refus de la mère. Mais il applique la suggestion à l'état de veille. Le docteur Tissié est psychosomaticien , il ne sépare pas le psychique du corporel.

Le tic et la toux diminuent progressivement. En trois mois, l'enfant est guéri.

« Le succès du traitement dans ce cas dépend autant et plus de l'entourage du malade que du médecin lui-même. »

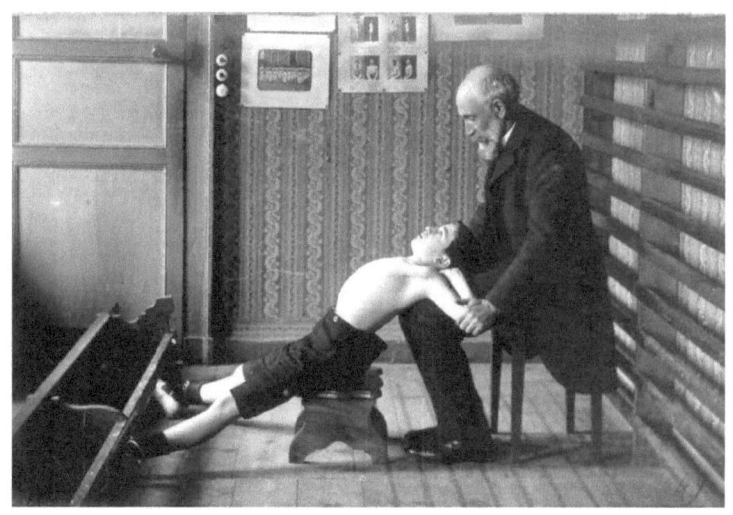

Illustration 12 : Le docteur Tissié en séance avec un jeune patient

L'objectif est de montrer que Tissié a expérimenté la valeur de la gymnastique suédoise dans différents pathologies.

Chapitre 6

EXEMPLES DE MOUVEMENTS DE LA GYMNASTIQUE SUÉDOISE

Pour donner une idée de la précision et de la rigueur dans l'exécution des mouvements de la gymnastique suédoise, j'ai choisi comme exemple deux exercices à savoir la courbe raidie, exercice clé du précis de gymnastique de Tissié, et la position aile baissée, avec leur description et la correction des fautes.

Courbe raidie

En fait, il existe deux exécutions de courbes raidies.
Une qui nécessite l'aide d'un tiers. C'est un mouvement qui permet de débloquer la cage thoracique et la zone dorsale.
Voir plus loin le croquis tiré du Précis de gymnastique.
Ce mouvement est exécuté une seule fois en dehors d'une séance de gymnastique. Il augmente l'amplitude de la cage thoracique avec une seule et profonde inspiration tenue, suivant les possibilités du sujet, de 7 à 12 secondes. « Ainsi la cage thoracique peut se développer en inspiration et en expiration de 0m060 à 0m103. Le développement s'accentue encore au repos et sans d'autres mouvements de demi-heure en demi-heure en vagues successives pendant 2 à 5 heures pour s'arrêter définitivement étant acquis pour toujours. » (*Précis de gymnastique de plain pied et à mains libres*)
« Les effets somatiques et psychiques de ce développement s'affirment par une fonction respiratoire plus grande et une fonction intellectuelle plus souple. »

Le schéma montre la position de la courbe raidie mais il était difficile de positionner la tierce personne qui aide le mouvement, le placement étant délicat à faire figurer sur un simple croquis.

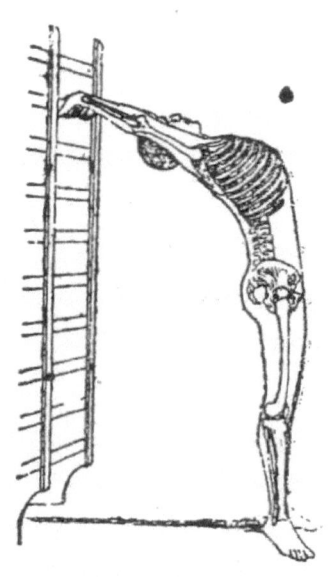

Illustration 13 : Courbe raidie

La courbe raidie - Principes

« Dans la courbe raidie le corps est immobilisé dans la position verticale jusqu'à l'apophyse xiphoïde, c'est-à-dire jusqu'au niveau du diaphragme par la fixation du muscle droit antérieur de l'abdomen maintenu contracté et raccourci dans le plan vertical ; son point d'appui fixe étant pris sur le pubis. Ce muscle ne doit jamais être allongé dans la courbe raidie. Le mouvement de courbe en arrière doit être toujours localisé à la cage thoracique en vue de sa plus grande amplitude antéropostérieure pour la plus grande superficie d'épandage des poumons. Le mouvement qui localise la courbe à l'articulation coxo-fémorale en allongeant le droit antérieur de l'abdomen n'est pas une courbe raidie, c'est une courbe du tronc en arc. »

« D'après l'intensité du travail à produire, tourner le dos à un mur ou à l'espalier suédois à une distance progressive de 0m10, 0m20, 0m30, 0m40, 0m50, 0m60, 0m70, 0m80.
Prendre la position de fixe en fixant bien toutes les articulations du cou de pied, à la tête et celle du bras.
Tendre les reins, tendre fortement le muscle grand droit de l'abdomen dans le plan vertical.
Fixer le bord interne des omoplates, au moyen des bras mis dans l'attitude des ailes baissées. De cette attitude, les porter en invocation dans un plan vertical de bas en haut.
Les fixer en invocation ; les bras très rigides, et point anguleux au coude, doivent être tendus au maximum.
Cela fait, on incline le tronc d'avant en arrière, dans une courbe dont les vertèbres dorsales font les frais. Les vertèbres lombaires doivent rester fixées dans le plan vertical. » (Tissié, *Précis de gymnastique rationnelle de plain pied et à mains libres*)

Les fautes dans la courbe raidie

« La flexion du tronc en arrière ou courbe raidie ne doit pas être produite par le jeu de l'articulation du bassin. La faute la plus fréquente est la non-fixation du muscle grand droit de l'abdomen qui, au lieu d'être tendu dans le plan vertical, se courbe en cercle. Au lieu de se contracter, il s'allonge. Une autre faute est l'arrêt de la respiration pendant le mouvement. Il faut inspirer fortement dans le mouvement de flexion en arrière. Il faut expirer au retour à la position de départ. La tête penche trop en arrière ou trop en avant.

La courbe des vertèbres dorsales n'est pas assez prononcée d'arrière en avant. Le bassin n'est pas fixé. Les bras ne sont pas assez tendus en invocation. Les jambes plient aux genoux. Dans ce mouvement, le sommet seul du tronc de la 1e à la 7e vertèbre dorsale doit accomplir la courbe raidie en arrière. L'abdomen est contracté au maximum, le grand droit très tendu. On doit inspirer fortement dans le mouvement d'avant en arrière - et expirer dans le mouvement de retour en position fixe. »

Pour simplifier, si on tire une ligne qui va du pubis à la base du sternum, elle doit être une ligne droite, elle ne doit pas devenir une courbe. En respectant cette règle, on est sûr de ne pas solliciter la zone charnière de la colonne lombaire. Il faudrait se souvenir de cette règle dans la gymnastique et même dans le yoga.

Ce principe permet de reporter l'effort sur toute la colonne vertébrale.

Position ailes baissées

Illustration 14 : Ailes baissées
(d'après le *Précis de gymnastique* de Ph. Tissié, version de 1946)

En position fixe - l'avant-bras plié sur le bras, le bout des doigts de la main vient s'appliquer au moignon de l'épaule, latéralement, en dehors, sur la base externe du deltoïde.
Dans cette attitude, le bord interne des omoplates est fixé le long de la colonne vertébrale.
Cette attitude servira de point de départ pour d'autres mouvements de bras.

Je vais donner toutes les fautes que signale Tissié pour montrer la précision de la gymnastique suédoise.

Fautes dans la position ailes baissées
« Les omoplates ne sont pas suffisamment fixées le long de la colonne vertébrale. Le moignon de l'épaule est projeté en avant au lieu d'être placé dans le plan médian de l'articulation scapulohumérale. La faute contraire consiste à trop repousser

le moignon de l'épaule en arrière, ce qui provoque une extension trop grande du grand pectoral, formant ainsi une sangle trop rigide. Les avant-bras ne sont pas assez pliés sur les bras. Le bout des doigts est appliqué sur la face antérieure du moignon de l'épaule au lieu d'être appliqué sur la face externe. Les coudes sont trop éloignés du tronc en angle ouvert, alors que les bras doivent être rapprochés au maximum du tronc. La tête tombe en avant, le ventre est projeté en avant par une ensellure trop prononcée. » (*Précis de gymnastique de plain pied et à mains libres*)

Chapitre 7

LES BASES DE L'ÉDUCATION PHYSIQUE SELON LE DOCTEUR TISSIÉ

Dans son précis de gymnastique, le docteur Tissié consacre à la fin de l'ouvrage plusieurs pages sous forme de propositions qui concernent sa vision de l'exercice physique.

Ces propositions restent valables quelles que soient l'époque et les méthodes. Elles ont une valeur universelle. J'en ai extrait quelques-unes :

- La vie est une oxydation ; le diaphragme ouvre et ferme la vie. Tous les muscles de la cage thoracique sont les serviteurs du diaphragme.

- Chaque vertèbre dorsale est le point d'appui du levier d'une côte, d'où nécessité de fixer par avance et tout à tour chaque vertèbre dorsale afin d'assurer une meilleure fonction de chaque levier costal dans le développement de la cage thoracique.

- L'enfant est un tube digestif, l'adolescent une vésicule pulmonaire, l'adulte a le devoir d'être un cerveau.

- Libérer des poumons, c'est libérer des cerveaux. Savoir aérer des poumons c'est savoir augmenter son capital de vie.

- Le mouvement est de la pensée en acte. La pensée est du mouvement en puissance.

- Discipliner le muscle, c'est discipliner la pensée.

Les mémoires fœtales constituent les bases psychomotrices du subconscient et, par celui-ci, de l'hérédité. C'est pourquoi les gestes de l'aïeul se reproduisent chez les descendants.

Le premier mouvement du fœtus est sa première pensée.

La vie fœtale domine la vie sociale, l'hérédité domine la vie fœtale. Les morts gouvernent ainsi les vivants. Le générateur est déjà un mort pour le généré. Chaque instant est une mort.

- La valeur d'un mouvement est en raison de ses localisations nerveuses médullaires et céphaliques, et de l'intégrité du système nerveux périphérique.

- La gymnastique est au sport ce que les gammes sont à la musique, ce que la grammaire est à la littérature etc.

- La gymnastique éducative sera féminine ou ne sera pas.

- Le corps humain est le meilleur des agrès de gymnastique.

- Toute gymnastique qui n'est pas respiratoire est criminelle.

- Adapter le mouvement à l'homme et non l'homme au mouvement.

- La valeur pédagogique d'un professeur de gymnastique est inversement proportionnelle au nombre des agrès qu'il utilise en vue de la forme à obtenir.

- La colonne vertébrale étant le point d'appui de tous les segments du corps, le premier acte en gymnastique analytique est d'assurer sa fixation.

- La force doit être acquise par la santé et non la santé par la force.

- On ne doit se livrer au sport qu'après avoir développé rationnellement la cage thoracique et la capacité respiratoire par la gymnastique respiratoire éducative.

- Le sport mal appliqué à des poitrines rétrécies frappe au cœur ; il frappe au système nerveux chez les héréditaires nerveux.

- La fatigue des muscles de la locomotion et celle du muscle cardiaque ne vont pas forcément de pair. Le surmenage des muscles de la vie de relation peut être très violent et ne pas exister pour le cœur. La réciprocité existe.

Chapitre 8

TISSIÉ ET LE KONG FOU

Lorsque le Père Amiot (voir en annexes), Jésuite, est revenu de Chine avec les exercices du Kong Fou, certains ont accusé Ling d'avoir copié le Kong Fou.

Ces accusations ont fait bondir le docteur Tissié qui a récusé ce plagiat.

Il a été assez dur dans son jugement sur l'action thérapeutique de ces exercices disant que : « C'est enfantin et naïvement inculte ». Il aurait fallu sonder un peu l'âme orientale pour comprendre la philosophie de ces exercices. Mais Tissié a eu raison de refuser cette idée de plagiat. Ces exercices, ébauches de postures de yoga n'ont rien à voir avec la gymnastique suédoise.

On peut se demander quelle aurait été la réaction de Tissié devant le déferlement des techniques venues d'Orient.

Avec son sens aigu de l'observation, il aurait peut-être - simple supposition - pris intérêt à ces techniques sans pour autant renier son attachement à cette gymnastique suédoise qu'il maîtrisait parfaitement.

Dans le paragraphe suivant j'ai essayé d'établir les points de convergences de ces deux disciplines.

Chapitre 9

LA GYMNASTIQUE SUÉDOISE ET LE HATHA YOGA

Dans le titre de ce chapitre, j'ai écrit « la gymnastique suédoise et le hatha yoga », et non pas « la gymnastique suédoise ou le hatha yoga » ce qui aurait impliqué une faculté de choix. Le but n'est pas de comparer, chaque discipline étant valable dans son domaine.

L'esprit qui a guidé Tissié dans sa recherche présente beaucoup de similitudes avec l'esprit du yoga :
- Absence de compétition ou de record, chacun pratique en fonction de son état.

- Personne n'est écarté ; de l'enfant au vieillard, tout le monde peut pratiquer.
Un texte du yoga, le *Hatha Yoga Pradipika* dit la même chose : « Qu'on soit un jeune homme, un homme mûr, ou un vieillard, malade ou faible on obtient la réalisation par la pratique ».

- Primauté à la respiration. Contrôle du souffle.

- L'effet biologique est le plus important.
« La méthode doit surtout envisager la vie cellulaire dans son action profonde et cachée à nos sens et non les mouvements extérieurs de cette vie par les gestes segmentaires du corps. » (*Précis de gymnastique rationnelle de plain pied et à mains libres*)

- Pas de recherche de musculature imposante.

« La recherche du double muscle est une erreur physiologique et éducative. » (*L'éducation physique et la race*) Le yoga ne cherche pas à pousser le développement de la musculature. L'effet profond viscéral est le plus important.

- Action centrée sur le travail de la colonne vertébrale, arbre de vie.

- Importance du climat mental.

Importance de la suggestion à l'état de veille. Tissié appelle psychodynamie l'apport psychologique dans les exercices.

- La force doit être acquise par la santé et non la santé par la force.

- L'impression de bien-être après une séance.

« Toute séance de gymnastique d'où l'on sort fatigué est une séance mal appliquée. On doit toujours sortir d'une séance de gymnastique plus fort et plus reposé qu'en y entrant. » (*Précis de gymnastique rationnelle de plain pied et à mains libres*)

Chapitre 10

PERSPECTIVES DU MONDE FUTUR

Le docteur Philippe Tissié était un visionnaire ; dans *L'éducation physique et la race*, il termine son ouvrage par une conclusion intitulée « Pour DEMAIN » :

« … il est nécessaire de poser en principe que l'éducation physique branche la plus importante de l'hygiène est avant tout un devoir à accomplir et non un acte instinctif à commettre, d'où l'obligation de se soumettre à une discipline et d'accepter toutes les conséquences de cette soumission. En cela l'éducation physique est une morale. Sans la discipline l'éducation physique est sacrifiée...
… L'acte doit être discipliné par la discipline psychomotrice. La discipline implique la confiance, la confiance n'est conquise que par la compétence...
L'obéissance passive n'est plus de la discipline c'est du servage, elle est la négation même de l'esprit de discipline. Tout homme évolué et libre la repousse...
… notre démocratie a tout à gagner à être guidée par des compétences. L'éducation et l'instruction peuvent seules les créer.
… savoir être quelqu'un et non pas quelque chose, voilà ce que l'école doit apprendre avant tout aux fils de la démocratie...

Il faut aérer la maison de France dont la centralisation et la bureaucratie ont systématiquement clôturé toutes les issues pour mieux y reposer loin des bruits du dehors...

La mécanisation de la pensée doit disparaître.

... Les luttes économiques de l'après guerre seront plus dures et plus épuisantes que les luttes armées de la guerre actuelle. Nos alliés d'aujourd'hui seront les compétiteurs de demain. Ils furent avec nous à la Marne, ils seront contre nous au champ, à l'usine, et au comptoir. »

ÉPILOGUE

Cet hommage que j'ai voulu rendre au docteur Tissié comporte des lacunes.

Il a mené une vie très active, très riche par le nombre de documents, d'articles, de livres qu'il a publiés. Et j'ai essayé d'extraire de l'œuvre les faits qui me semblent les plus marquants, qui ont été des temps charnières dans le déroulement de son processus de vie.

Il a lutté constamment pour imposer sa vision d'une éducation physique scientifique accessible à tous.

Malgré les preuves indiscutables de la validité de la gymnastique suédoise, il lui était difficile de changer les mentalités et l'ordre établi.

Il s'est heurté aux arcanes de la politique et de la religion. Peu de personnes l'ont vraiment soutenu. Son mouvement en faveur des femmes (féministe avant l'heure) a fait échouer l'adoption de la gymnastique suédoise en remplacement de la gymnastique allemande, le ministère de l'Education Nationale ne voulant pas que des normaliennes aillent aider les officiers de l'armée dans l'application de la méthode suédoise.

Certains souriront en pensant : autre époque qui n'a rien à voir avec la nôtre. Est-ce bien sûr ?

« Nihil novi sub sole » dit le proverbe latin.

Je reste profondément admiratif de cet homme, de son parcours. Son *Précis de gymnastique rationnelle de plain pied et à mains libres* (édition 1946) est un chef d'œuvre en tant que manuel d'éducation physique, même si la lecture est un peu difficile en raison de la densité du texte.

Il est certain que les temps changent, les méthodes aussi. Mais peut-être serait-il possible - et même souhaitable, sans retourner à l'intégralité d'une séance de suédoise, de conserver les principes d'un travail précis, dosé, adapté plutôt que, sous prétexte de mouvement, laisser faire n'importe quoi.

Il existe une parole du Bouddha qui conseille de ne pas croire sur la foi de vieux manuscrits mais il élargit son propos en conseillant avant tout d'expérimenter, et si l'expérimentation est concluante de la partager avec son prochain.

Je terminerai en disant que la vérité est dans la pratique.

REMERCIEMENTS

Je remercie toutes les personnes qui me suivent depuis que je me suis lancé dans l'écriture. Sans leur aide, leur soutien, leurs conseils éclairés, je n'aurais pas eu le courage de publier les ouvrages qui me tenaient à cœur.

Un grand merci à Anne-Marie, amie fidèle qui a toujours été présente malgré ses nombreuses occupations pour m'épauler dans la relecture des manuscrits ; à ma nièce Michèle pour son travail de présentation et ses recherches pour compléter ma documentation, et à ma nièce Anne qui a toujours eu de bonnes idées pour les illustrations.

Je voudrais également remercier le docteur Jean-Pierre de Mondenard pour ses conseils et pour avoir complété mes informations sur le parcours de Tissié.

BIBLIOGRAPHIE

Docteur Philippe TISSIE

- *Précis de gymnastique rationnelle de plain pied et à mains libres.* Deuxième édition posthume. Bordeaux, Editions Bière, 1946.

- *Précis de gymnastique rationnelle de plain pied et à mains libres.* 3ème édition. Paris, CH Gauthier et fils, 1909.

- *L'éducation physique et la race.* Paris, Flammarion, 1920.

- *Les rêves.* Paris, Félix Alcan Editeur, 1898.

- *La fatigue et l'entrainement physique.* Paris, Félix Alcan Editeur, 1897.

- *La gymnastique rationnelle et les sports dans l'armée.* Paris, Henri Charles Lavauzelle, Imprimerie et Librairie des Armées de Terre et de Mer, 1903.

- *Tics et toux spasmodique guéris par la gymnastique médicale respiratoire.* Bordeaux, Imprimerie G. Gounouilhou, 1899.

Anatomie

ROUVIERE, Henri. *Atlas aide-mémoire d'anatomie.* Paris, Masson et Cie, 1967.

KAHLE W., LEONARDT H., PLATZER W. *Anatomie I. Appareil locomoteur.* Paris, Flammarion, Coll. Médecine Science, 1978

NOTICE BIOGRAPHIQUE
établie par : **Docteur Jean-Pierre de Mondenard**

Dr Philippe TISSIÉ (FRA) 82 ans
N : 18.10.1852 – *La Bastide sur L'Hers (09)*
D : 29.05.1935 – *Pau (64)*

Lauréat de l'Académie Nationale des Sciences Belles-Lettres et Arts de Bordeaux 1892 ; Lauréat de l'Union Vélocipédique de France (UVF) 1889 ; Sous-bibliothécaire à la faculté de médecine et de pharmacie de Bordeaux ; Lauréat de la faculté de médecine de Bordeaux (Prix Godard) ; Médecin du Vélo-Club Bordelais ; Conservateur de la société d'anthropologie de Bordeaux et du Sud-Ouest.

Thèse de médecine :
Titre : Les aliénés voyageurs – Essai médico-psychologique.
Soutenue : 1887
Ville : Bordeaux
N° : 29
Président : Pr Albert Pitres

Repères biographiques
1852 – Naissance le 18 octobre à La Bastide-sur-L'Hers (Ariège), père instituteur, famille protestante.
1866 – Décès du père : se retrouve sans soutien ; travaille à la Compagnie des Chemins de Fer du Midi, à Toulouse ; poursuit ses études en travaillant.
1887 – Reçu Docteur en médecine, sa thèse paraît la même année : *Les aliénés voyageurs, essai médico-psychologique*, Paris, 1887, n°29, 113 p (Pdt Pr Albert Pitres). Thèse publiée la même année aux éditions Doin (ouvrage couronné par la Faculté de médecine de Bordeaux – Prix Godard)

- Se présente au concours de bibliothécaire et rencontre Paschal Grousset (alias Philippe Daryl, 1844-1909) à Paris. Restera sous-bibliothécaire à l'université de Bordeaux jusqu'en 1908.

1888 – Découvre la Ligue Nationale d'Education Physique fondée par Paschal Grousset. Le 19 décembre, fonde la ligue girondine de l'Education Physique qui se proclame indépendante et autonome.

- Publie l'Hygiène du vélocipédiste au éditions Doin, 325 p

1889 – Inauguration des jeux de plein air entre plusieurs écoles de Bordeaux, en présence du recteur Ouvré.

23 juin : première journée de jeux de plein air entre plusieurs écoles de Bordeaux, avec autorisation d'utiliser l'esplanade des Quinconces.

Développement de la Ligue dans les principales villes de l'Académie avec la « vélocipédie, pédestrianisme et canotage ».

1890 – 11 et 12 mai : premier lendit régional à Bordeaux ; premier contact de Philippe Tissié avec Pierre de Coubertin venu à la place de Paschal Grousset.

- Décembre, fondation de la *Revue des jeux scolaires*, dans le but de centraliser les activités de la Ligue.

1891 – 30 janvier : Assemblée générale véritablement organisatrice de la Ligue Girondine. Le texte des rapports du secrétaire général (Philippe Tissié) et du trésorier est une pièce importante dans l'histoire du sport en France.

- Février : appel à utiliser les règles de jeux de Georges de Saint-Clair (1845-1910), publiées dans « *Jeux et exercices de plein air* » (1887), qui contient, entre autres, le règlement du rugby. Ce sont les règles de l'USFSA. Philippe Tissié soutient le Baron Pierre de Coubertin (1863-1937) dans la demande de fondation d'un *Conseil Supérieur d'Education Physique*.

Tissié assiste, comme délégué de la Ligue, au lendit de Paris organisé conjointement par le « Comité pour la propagation des exercices physiques dans l'éducation » et la Ligue nationale de Grousset.

- Mai 1891 : lendit de Bordeaux.

- Novembre, nomination d'un maître des jeux de la Ligue Girondine, c'est le professeur de la société de gymnastique et de tir, *La Bastidienne*.

1892 – Participe au congrès sur les exercices physques à la Sorbonne.

- Juillet , premier lendit des écoles primaires de Bordeaux.

1893 – L'Education physique (gymnastique française, gymnastique suédoise, gymnastique anglaise), conférence faite par Philippe Tissié à la Société Philomathique de Bordeaux.

Philippe Tissié apparaît comme un spécialiste des études sur la fatigue : Congrès de Caen de l'Association française pour l'avancement des sciences, polémique avec Coubertin sur « *Sport et surmenage* ».

- Juin : lendit d'Agen (17 établissements – 240 participants).

Bordeaux et Philippe Tissié ont la charge d'organiser le *congrès National de l'Education Physique,* 25-26-27-28 octobre.

- Publie la 2e édition revue et augmentée du Guide du vélocipédiste, éditions Doin, 405 p

1894 – 5e lendit de la Ligue Girondine à Mont-de-Marsan. Les lendits sont une organisation bien rodée, se tiennent régulièrement jusqu'en 1903.

1896 – 7 février : chargé d'inspection des exercices physiques dans les lycées et collèges de l'Académie de Bordeaux jusqu'en 1907.

1897 – La renommée de Philippe Tissié se confirme, comme spécialiste médecin : *Etudes sur l'entraînement physique.* Participe au Congrès olympique international du Havre, organisé par Pierre de Coubertin en juillet.

1898 – Tournant important dans l'activité de Philippe Tissié : il est chargé par le ministre de l'Instruction publique d'une mission en Suède. Il en revient ardent promoteur de la méthode suédoise.

1899 – Nommé membre de la commission d'organisation du Congrès de l'Education physique (exposition universelle de 1900).

1900 – Se fixe à Pau. Il aura, dans cette ville, une activité médicale et pédagogique importante.

- Participe au congrès de l'Education physique du 30 août au 6 septembre. Organisation et compte-rendu par Georges Demeny (1850-1917).

1901 – Premier ouvrage de synthèse : *L'éducation physique au point de vue historique, scientifique, technique, critique, pratique et esthétique,* création du « Comité des dames de la Ligue Girondine », en Suède il découvre l'intérêt d'une gymnastique organisée pour la femme.

1903 – 23 avril : première conférence aux instituteurs et institutrices de Pau. Prélude à un enseignement bénévole de la gymnastique suédoise à l'Ecole Normale d'Institutrices de Pau de 1903 à 1913. Début d'une série d'articles polémiques dans la *Revue Scientifique*, dont celui sur l'instruction de la gymnastique (règlement du 22 octobre 1902) qui ouvre la polémique avec le ministre de la Guerre. Philippe Tissié s'oppose dès lors à Demeny, aux professeurs de gymnastique, aux sociétés de gymnastique, à l'Ecole de Joinville, regroupés derrière la défense de ce règlement (cf. *L'éducation physique et la race*).

1911 – *Evolution de l'Education Physique en France et en Belgique* (1900-1910).

Philippe Tissié commence à exprimer son amertume de ne pas voir reconnue au sein de l'Instruction publique et de l'armée son œuvre éducative.

1913 – Congrès International de l'Education Physique de Paris. Philippe Tissié comptait y faire la démonstration de sa méthode avec la présentation d'une séance par les normaliennes de Pau. Malgré l'intervention du ministère, il essuie un refus ferme de la part de la directrice de l'Ecole Normale. Publie pour témoigner : *Une œuvre nationale pour les normaliennes de Pau, le moteur humain, la mère et l'institutrice, le témoignage des faits,* 1913, 219p.

1914 – *Précis de gymnastique rationnelle.*

1919 – *L'Education Physique et la race : santé, travail, longévité.* Le chapeau intitulé « Une œuvre de vie nationale » (1888-1919) constitue un point de départ essentiel à une biographie du docteur Philippe Tissié.

1922 – *L'Education Physique rationnelle* : la méthode, les maîtres, les programmes.

1929 – *L'Y de la respiration.*

1933 – Nommé membre du Conseil d'administration de l'Ecole normale d'éducation physique de Pau.

1935 – Philippe Tissié meurt à Pau le 29 mai.

[Zoro J. - Images de 150 ans d'EPS – Paris, éd. Association des Enseignants d'EPS, 1986 – 278 p (p 32)]

Ouvrages : **1/** L'hygiène du vélocipédiste – préface du Professeur Georges Morache. - Paris, éd. Octave Doin, 1888. - 325 p ; **2/** Guide du vélocipédiste pour l'entraînement, la course et le tourisme. - 2e édition de l'Hygiène du vélocipédiste, 1893. - 405 p ; **3/** L'éducation physique au point de vue historique, scientifique, technique, critique, pratique et esthétique, 2e éd. - Paris, Librairie Larousse, 1901. - 179 p ; **4/** L'éducation physique et la race. - Paris, éd. Ernest Flammarion, 1919. - 336 p

ANNEXES

→Le Père Amiot

Jean, Joseph, Marie, né à Toulon en 1718 et mort à Pékin en 1793.

Il est envoyé en Chine comme missionnaire en 1740 (ordre des Jésuites). Il gagne la confiance de l'empereur Kien Long. Il a publié des ouvrages sur la Chine (*Abrégé chronologique de l'histoire universelle de l'empire chinois* et une grammaire mandchoue).

Il a pratiqué le Kong Fou, ce qui est mentionné dans l'ouvrage de Dally : *Science du mouvement*, Librairie des Sciences, Paris, rue de Seine, 1857.

Le Père Amiot avait demandé aux médecins de tester les exercices de Kong Fou. Sa demande est restée sans réponse.

→ A propos du titre de l'ouvrage du docteur Tissié, où j'ai pris de nombreuses références : ***L'éducation physique et la race***.

Tissié n'est pas raciste ; dans tous les ouvrages que je possède et que j'ai pu consulter, il n'y a aucune allusion de caractère raciste.

Le docteur Tissié, lors de ses inspections à l'Académie de Bordeaux dans les collèges et lycées, a été frappé par le nombre de déformations rencontrées chez les enfants et adolescents (cyphoses, scolioses, lordoses, cages thoraciques déformées et problèmes psychologiques).

Il parle des « dégénérés » : conséquences d'une mauvaise hygiène, de l'alcool. Il ne se contente pas de constater, il propose des solutions avec une pratique de gymnastique suédoise et de respirations. Ce travail est, pour lui, la condition pour relever le niveau de santé de la nation française. D'où le titre qui, à l'époque, n'a choqué personne. Pour lui, Nation française égale race.

→ **Lendit**. Ce mot remonte au Moyen Âge et désignait une foire qui se tenait au Nord de Paris.

Le docteur Tissié a repris ce terme dans un sens différent. Les Lendits donnent une structure et un moyen de contrôle des activités physiques chez les jeunes collégiens et lycéens.

TABLE DES MATIÈRES

DEUXIÈME PARTIE

Chapitre 1. Les principes de la gymnastique suédoise

Chapitre 2. La respiration

Chapitre 3. Quatre muscles importants
  – Le diaphragme et le psoas
  – - Le grand droit de l'abdomen et le grand dentelé

Chapitre 4. Plan d'une séance de gymnastique suédoise

Chapitre 5. Les effets bénéfiques de la gymnastique suédoise

Chapitre 6. Exemples de mouvements :
- Courbe raidie
- Position ailes baissées

Chapitre 7 : Les bases de l'éducation physique selon le docteur Tissié

Chapitre 8. Tissié et le Kong Fou

Chapitre 9. La gymnastique suédoise et le Hatha Yoga

Chapitre 10 : Perspective du monde futur

Épilogue
Remerciements
Bibliographie
Notice biographique du Dr Tissié
Annexes

TABLE DES ILLUSTRATIONS

Provenance des illustrations :

1, 11, 13, 14 : Ouvrages de Philippe Tissié

2 : Revue Yoga N°31, 1966

3, 4, 12 : internet (domaine public)

5, 6, 10 : Ouvrage de A. de SAMBUCY, *Gymnastique corrective vertébrale.* paris, Dangles, 1946

7: KAHLE W., LEONARDT H., PLATZER W., 1978

DU MÊME AUTEUR
chez BoD

. *Précis de gymnastique simple, à mains libres et sans appareil de 7 à 97 ans,* 2015.

. *Hatha Yoga et colonne vertébrale,* 2017.

. *Le Souffle. Approche du Pranayama,* 2020.

Couverture : Anne FORGET